bird
el pájaro

unicorns
los unicornios

bears
los osos

mice
los ratones

cat
el gato

cow

la vaca

cows

las vacas

dog
el perro

jellyfish
las medusas

crocodiles
los cocodrilos

starfish

la estrela de mar

pigs
los chanchos

flamingo
el flamenco

goat
la cabra

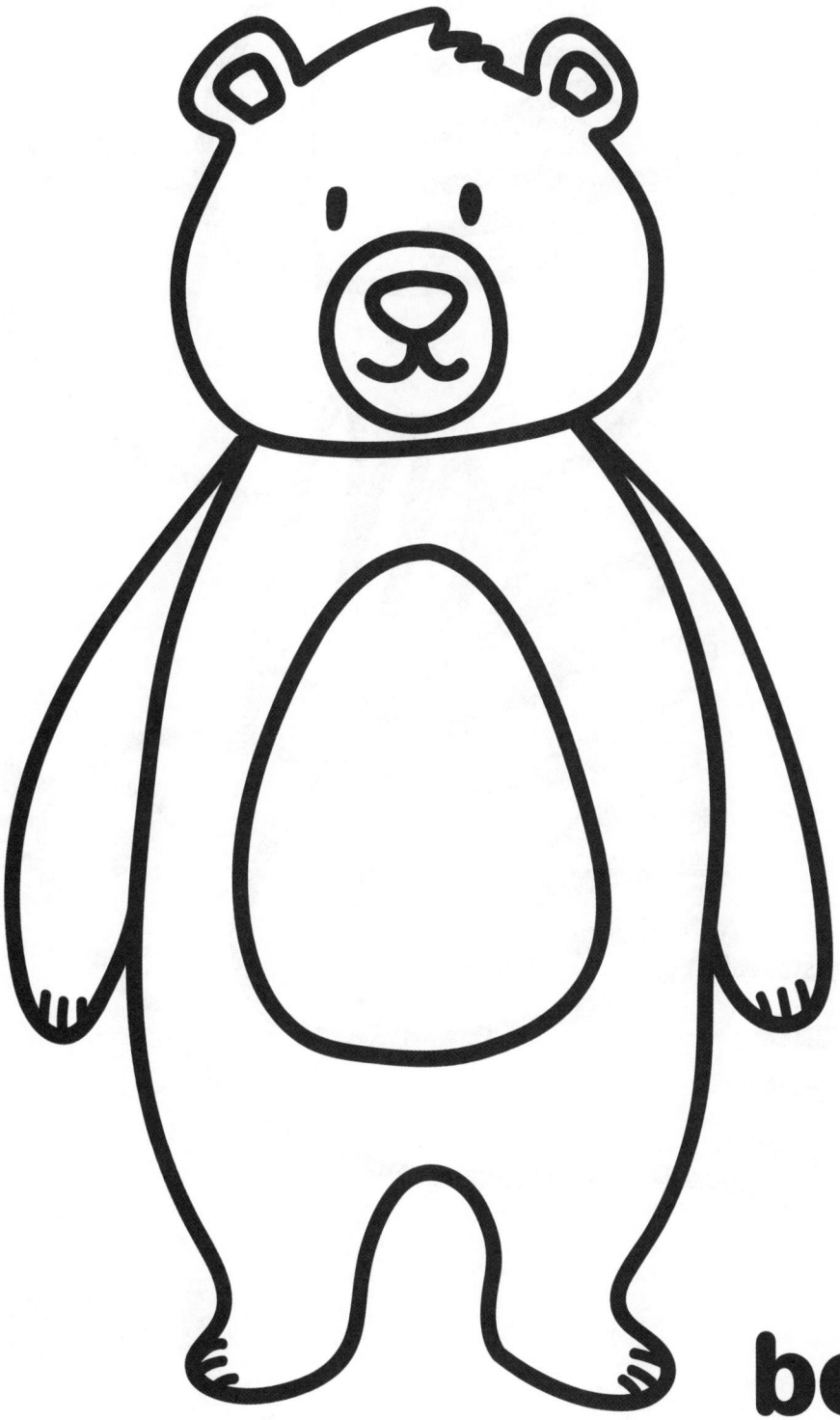

bear

el oso

birds
las aves

geese
los gansos

dolphin
el delfín

cats

los gatos

crocodile
el cocodrilo

conch shell

la caracola marina

lions
los leones

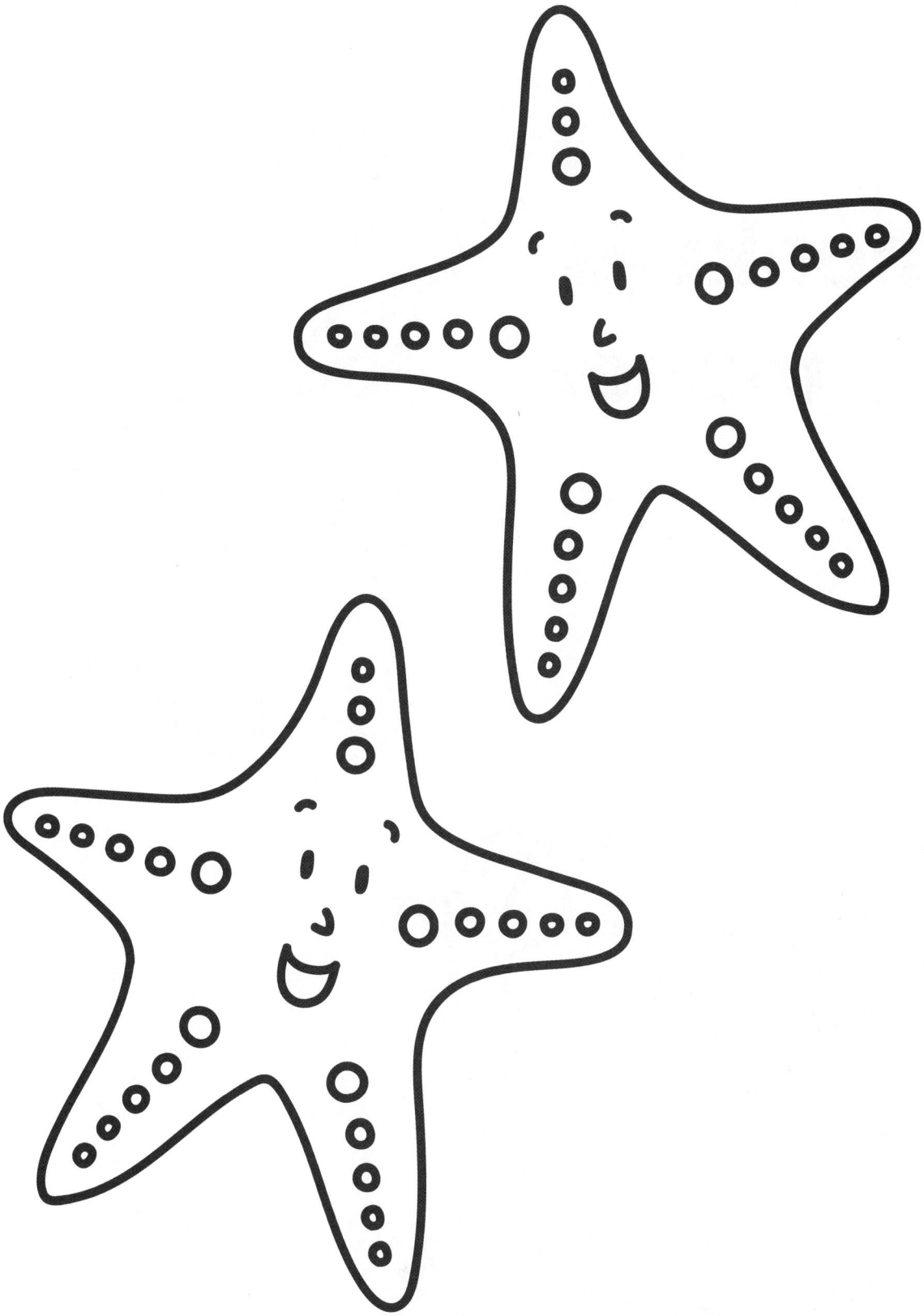

starfish

las estrellas de mar

monkeys
los monos

parrots
los loros

rabbit
el conejo

turtle
la tortuga

wolf
el lobo

alpaca
la alpaca

goldfish
el pez de colores

sheep
la oveja

elephants
los elefantes

otter
la nutria

monkey
el mono

caterpillar
la oruga

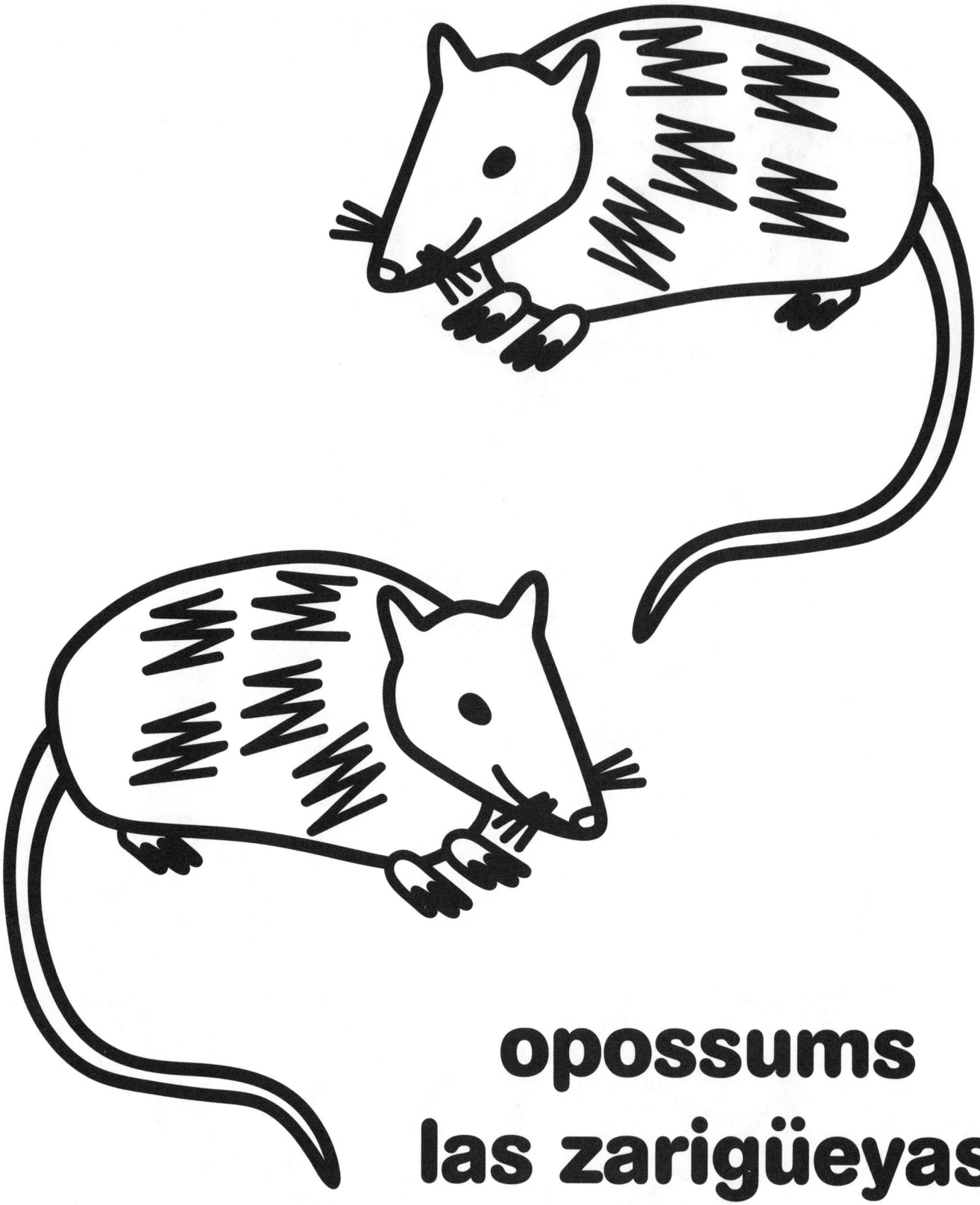

opossums
las zarigüeyas

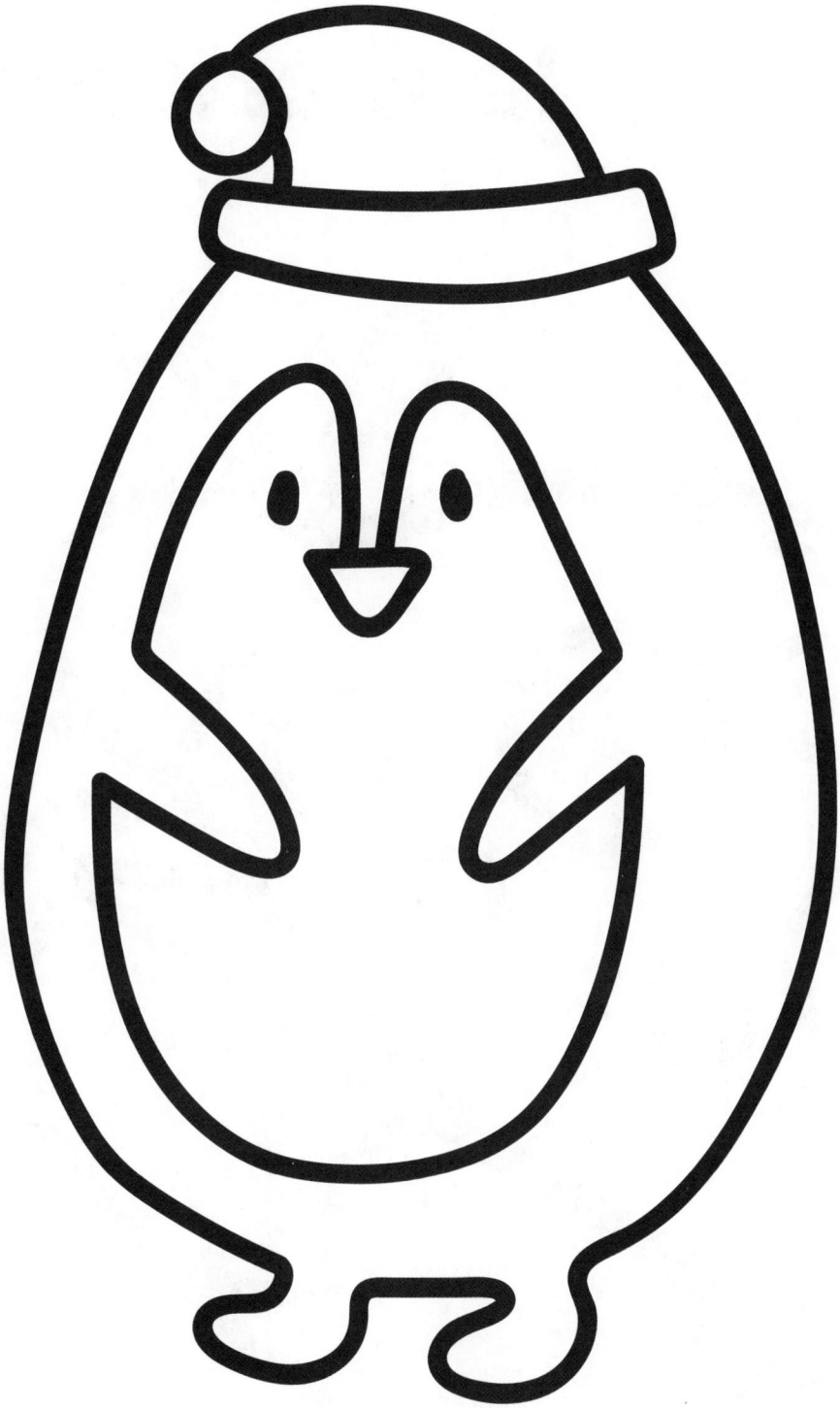

penguin
el pingüino

ladybug
la mariquita

orca
la orca

ladybugs
las mariquitas

bats
los murciélagos

wolves
los lobos

caterpillars
las orugas

giraffes
las jirafas

parrot
el loro

polar bear
el oso polar

small lizard
la lagartija

mermaids
las sirenas

butterfly
la mariposa

hedgehog
el erizo

deer
el ciervo

clam

la almeja

opossum
la zarigüeya

toucans
los tucanes

animal tracks
las huellas de animales

peacock

el pavo real

deer
las ciervas

dragonfly
la libélula

sheep
las ovejas

elephant
el elefante

beetle
el escarabajo

hippopotamus
el hipopótamo

toucan
el tucán

walrus

la morsa

turtles
las tortugas

capybaras
los carpinchos

beehives
las colmenas

rabbits
los conejos

giraffe
la jirafa

squids
los calamares

foal

el potro

octopus
el pulpo

dogs
los perros

dragonflies
las libélulas

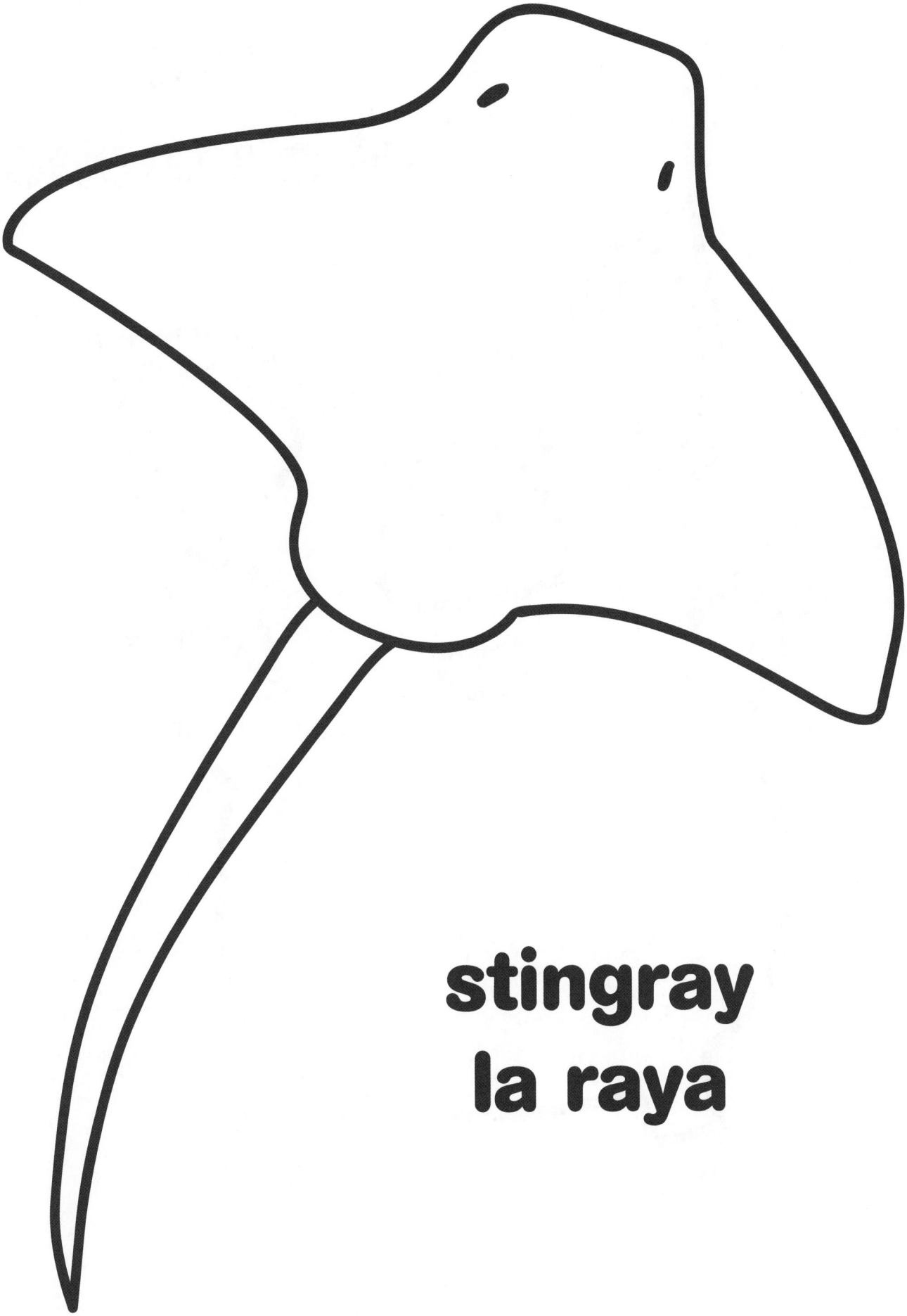

stingray
la raya

pig
el chancho

mouse
el ratón

frog
la rana

pigeon
la paloma

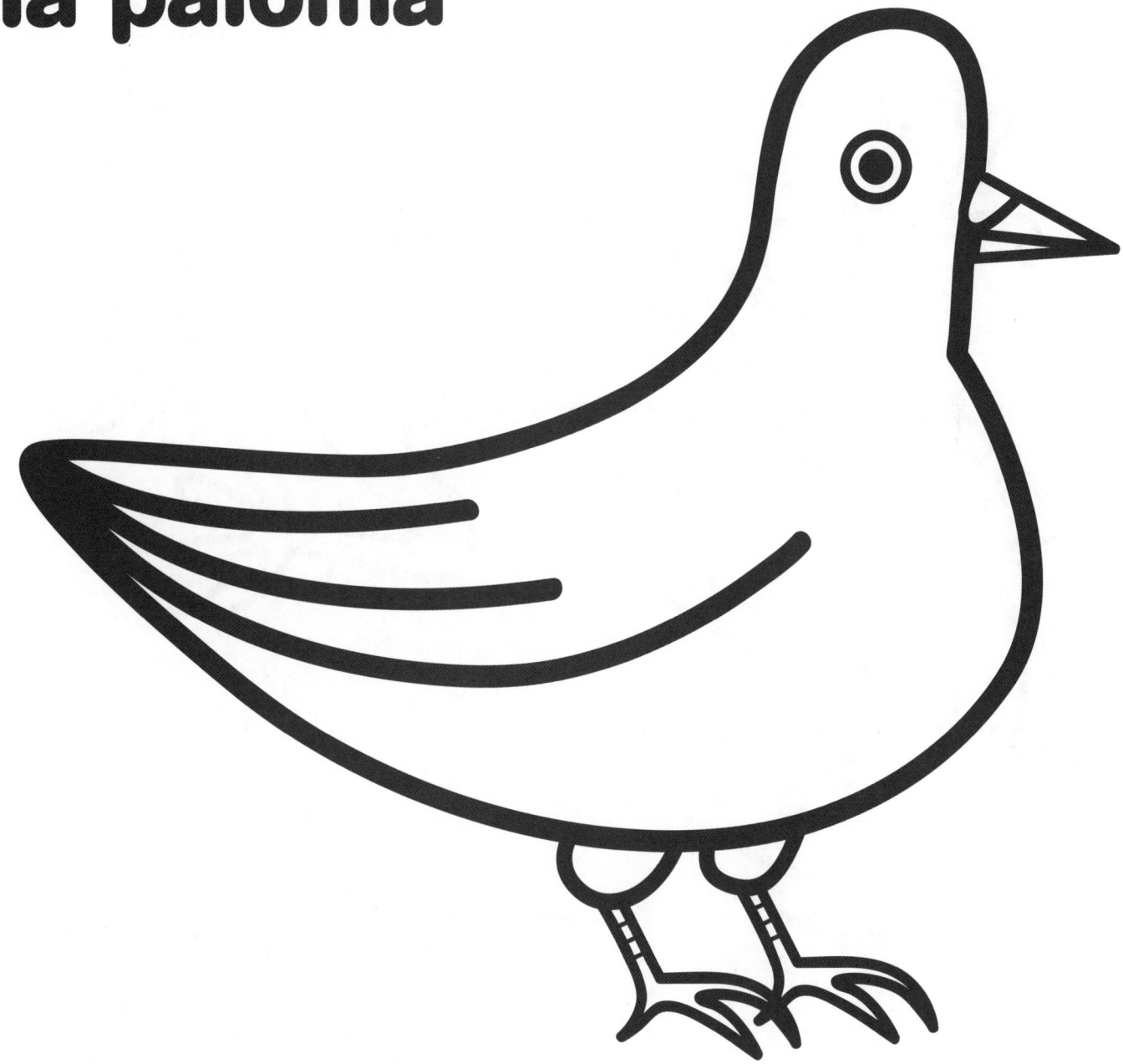

small lizard
la lagartija

horses
los caballos

foals
los potros

crabs
las jaibas

moose
los alces

worm
el gusano

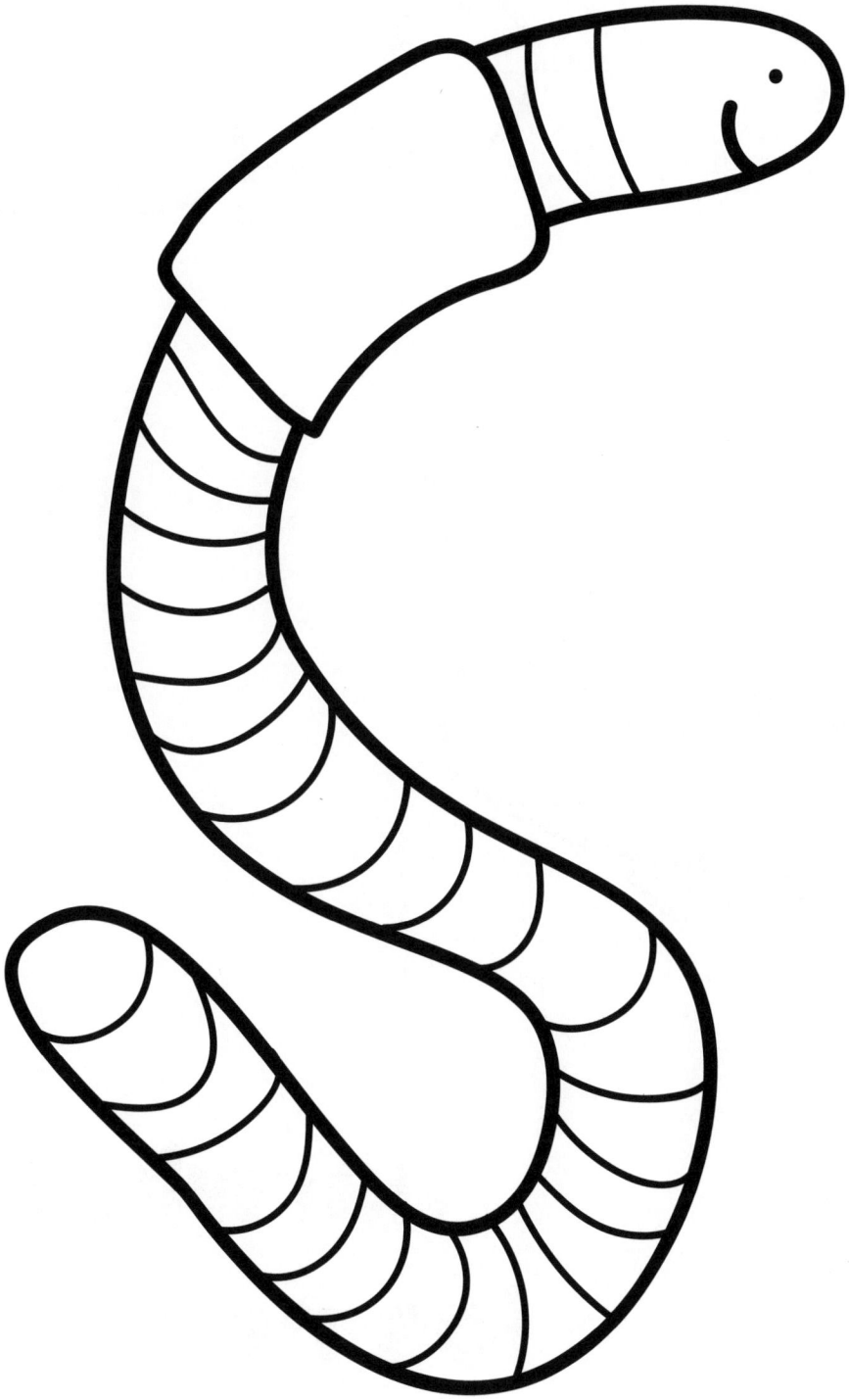

narwhals
los narvales

lion
el león

squirrel
la ardilla

lambs
los borregos

flamingos
los flamencos

angelfish
los peces ángel

alpacas
las alpacas

goats
las cabras

dinosaurs
los dinosaurios

jellyfish
la medusa

pegasus
los pegasos

squirrels
las ardillas

seahorse

el caballito de mar

butterflies
las mariposas

snail

el caracol

clams
las almejas

raccoon
el mapache

cricket
el grillo

walruses
las morsas

pegasus
el pegaso

dodos
los dodos

lantern fish
los peces linterna

lemurs
los lémures

snakes
las serpientes

eels
las anguilas

bat
el murciélago

fish
los peces

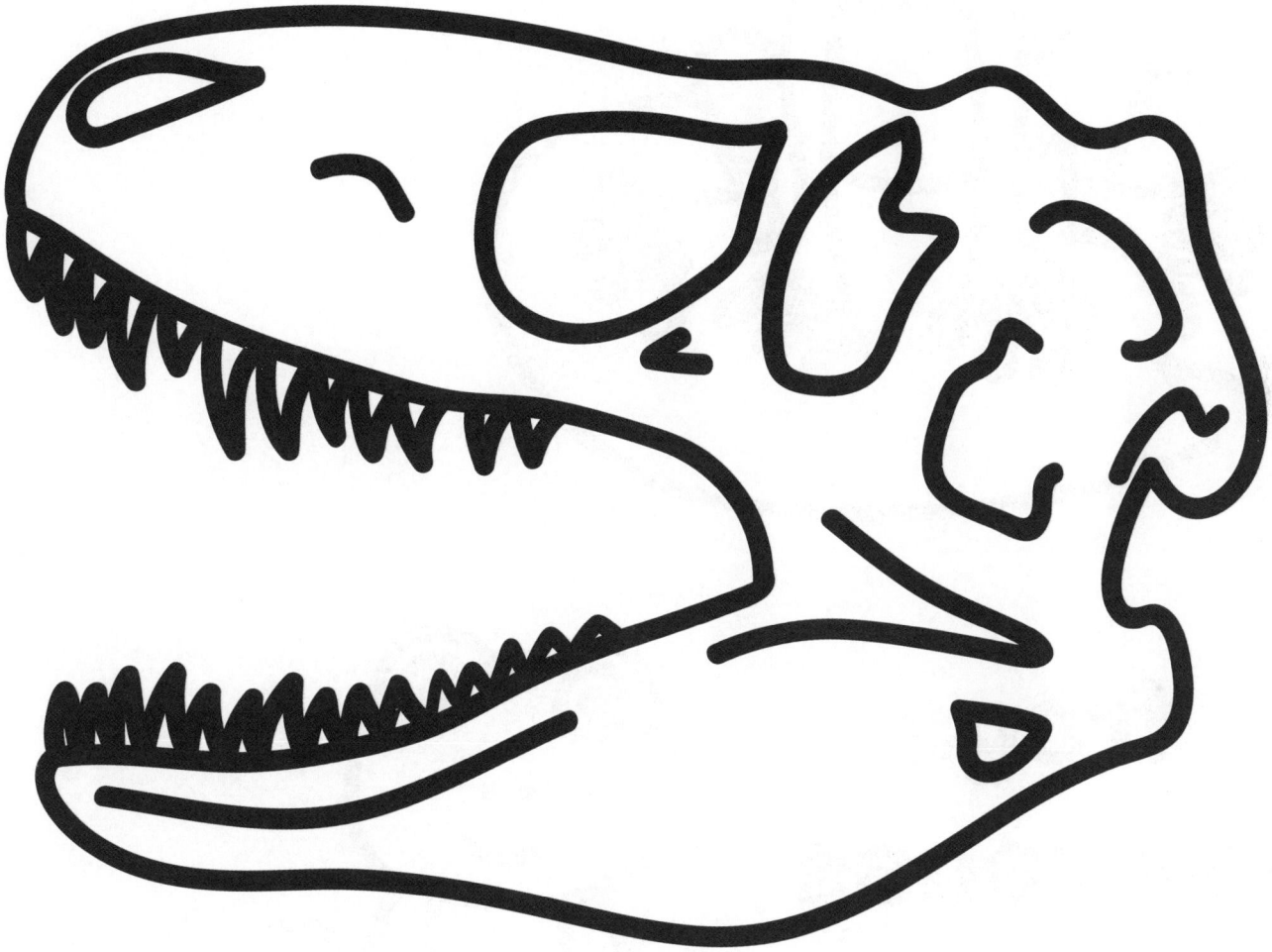

fossil
el fósil

frogs
las ranas

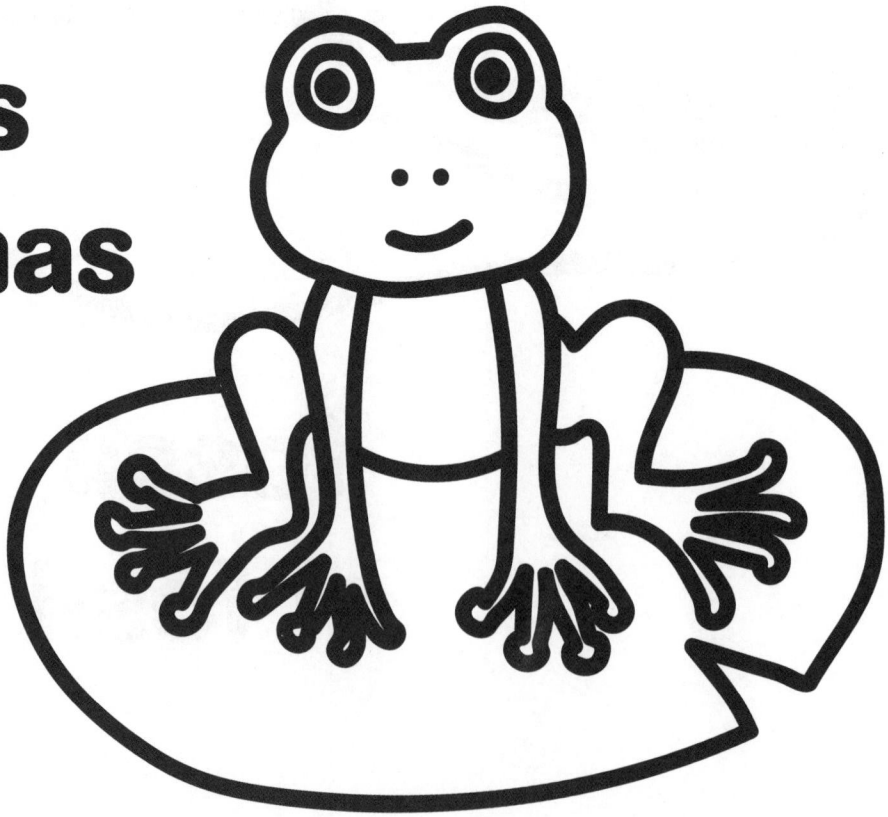

horse
el caballo

nest

el nido

seashells

las caracolas marinas

polar bears
los osos polares

dinosaur
el dinosaurio

hedgehogs
los erizos

unicorn
el unicornio

rhinoceros
el rinoceronte

bee

la abeja

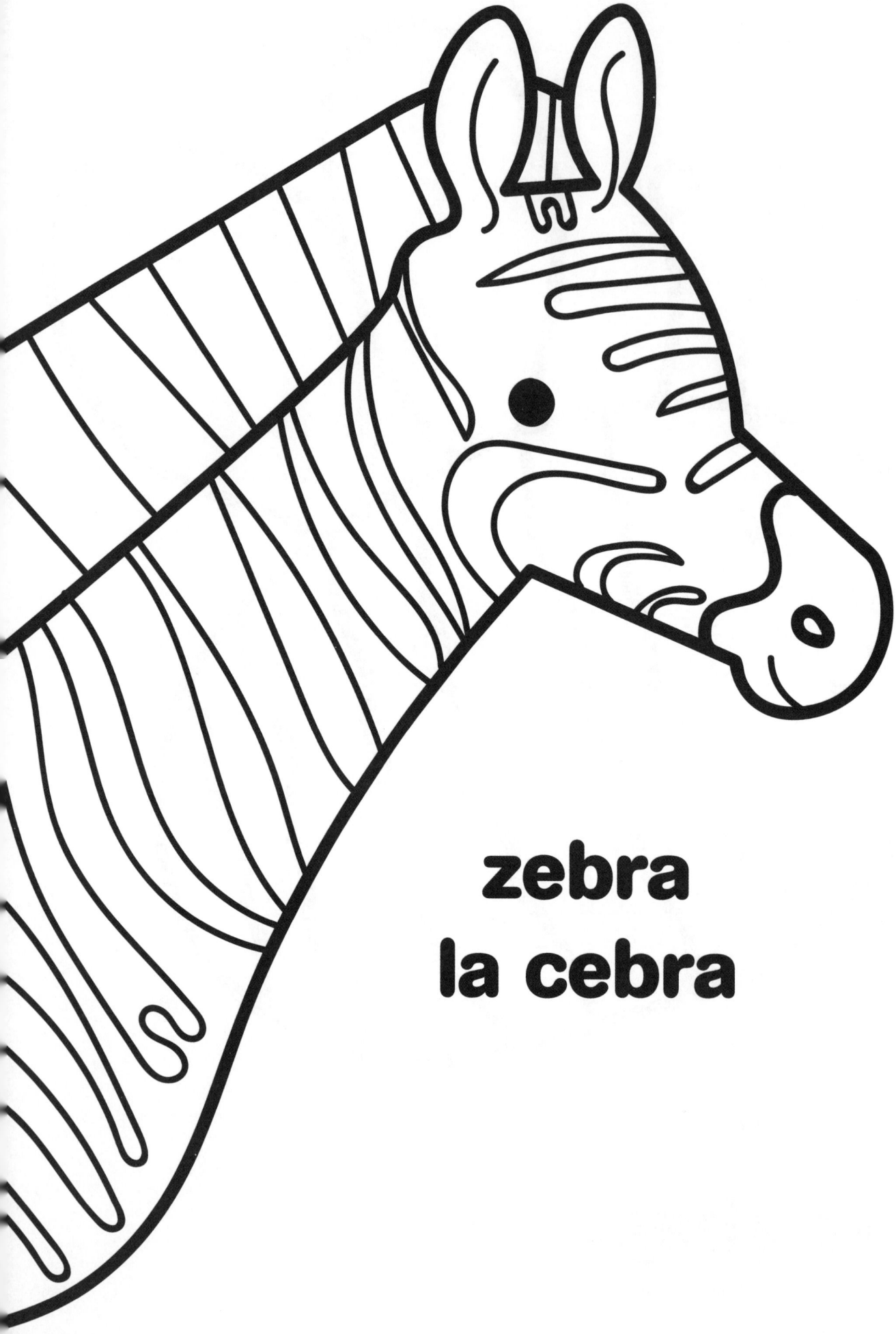

zebra
la cebra

dragons
los dragones

otters
las nutrias

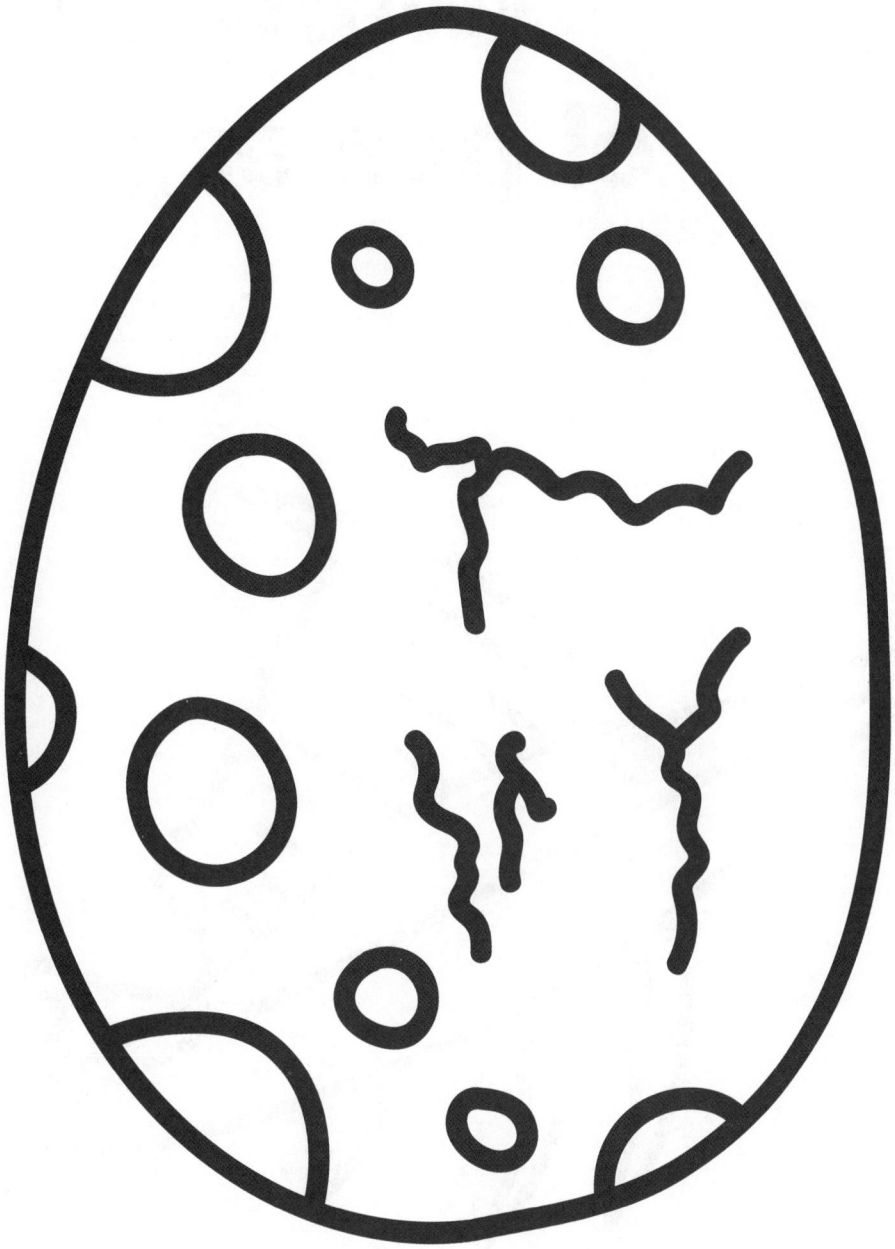

egg
el huevo

swordfish
el pez espada

skunk
la mofeta

shark
el tiburón

snake

la serpiente

sea turtles
las tortugas marinas

merman
el tritón

swans
los cisnes

orcas
las orcas

dolphins
los delfines

capybara
el carpincho

animal track
la huella de animal

moose
el alce

penguins
los pingüinos

angelfish
el pez ángel

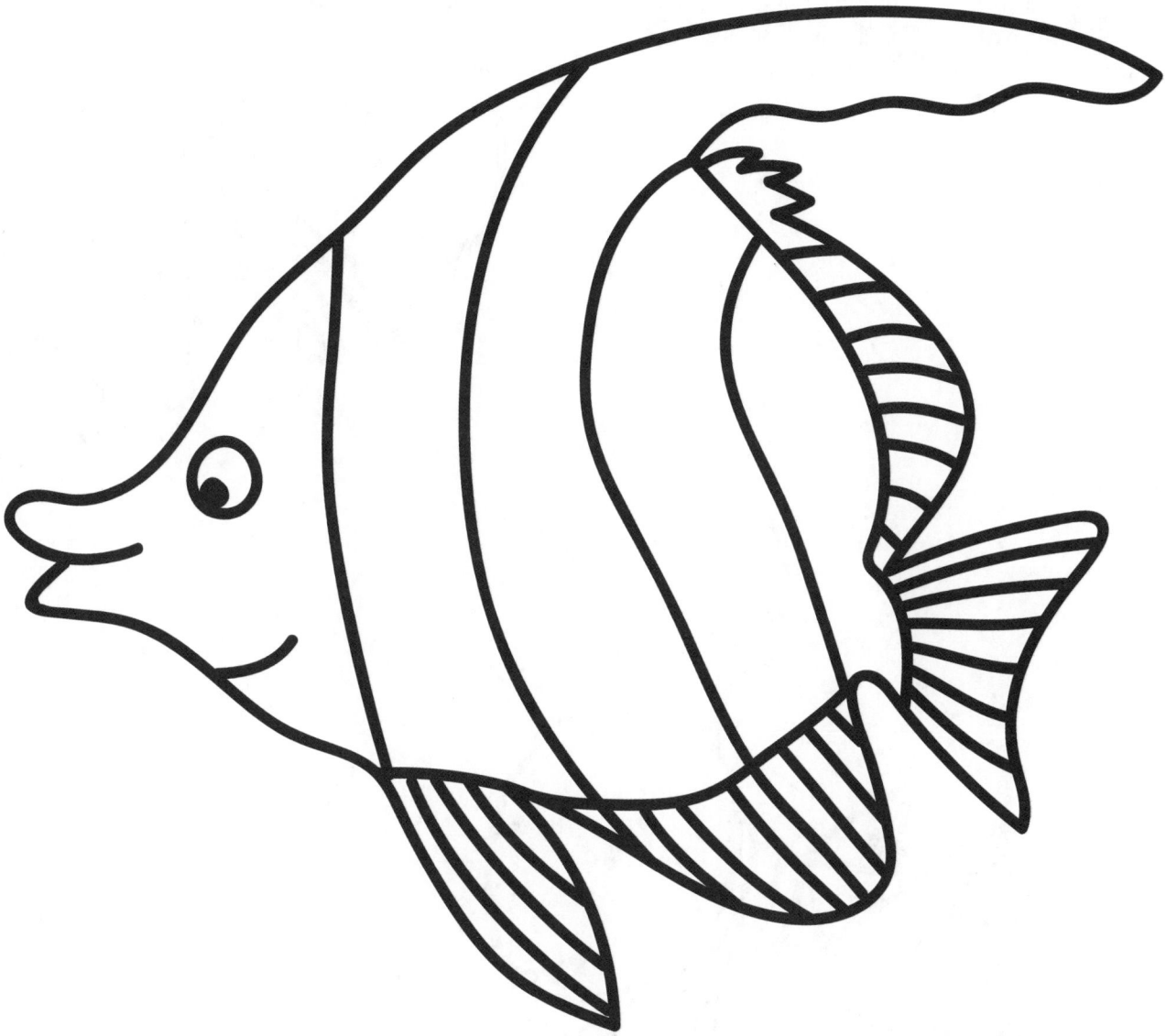

crickets
los grillos

narwhal
el narval

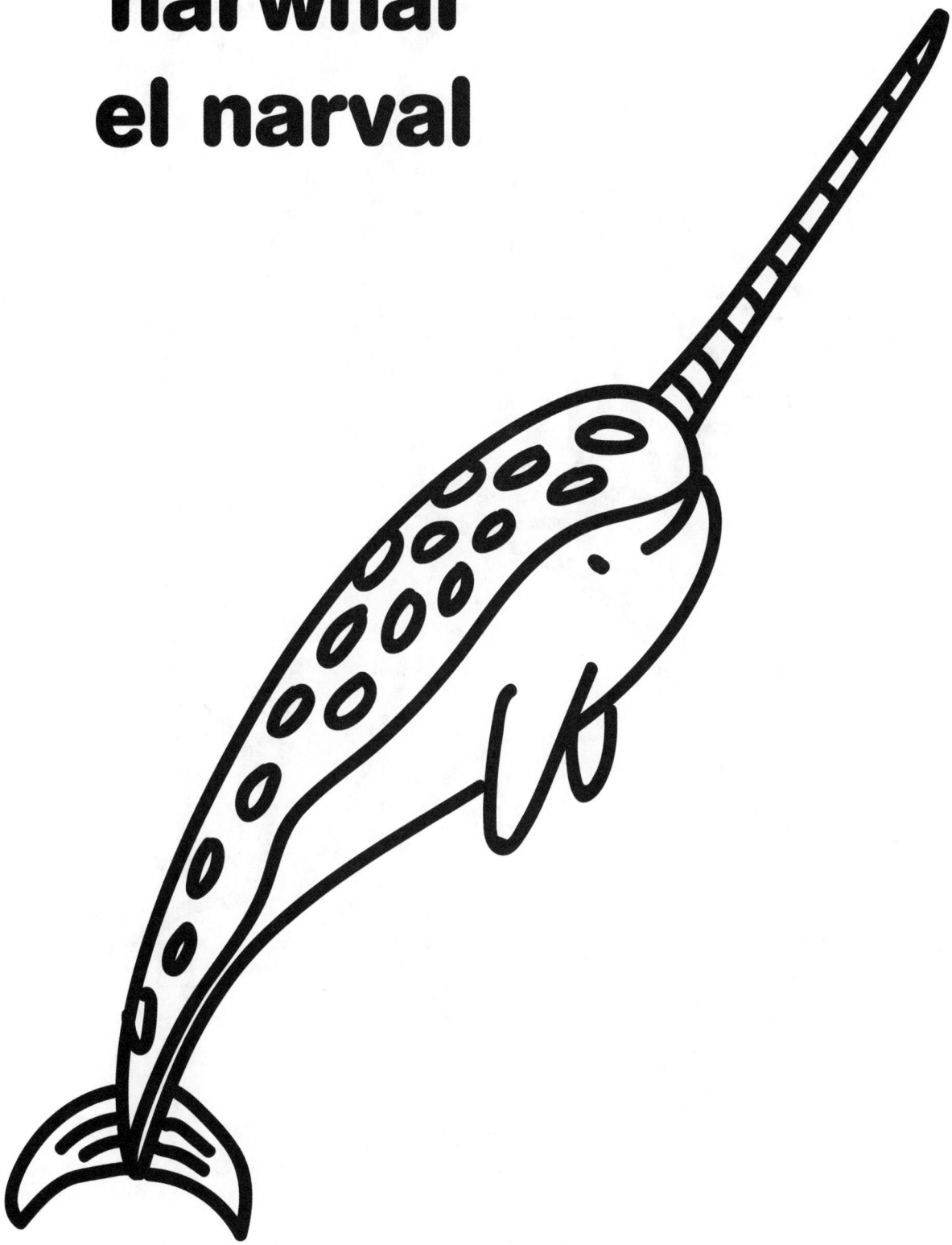

dragon
el dragón

lamb

el borrego

panda
el panda

snails
los caracoles

eggs
los huevos

rats
las ratas

whales
las ballenas

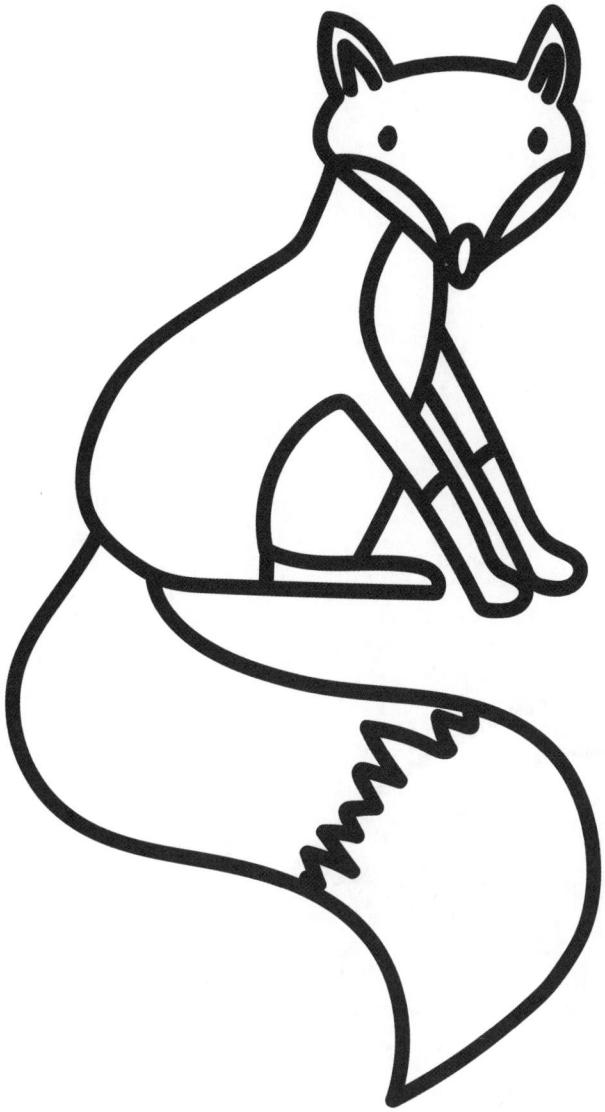

foxes
los zorros

sharks
los tiburones

lantern fish
el pez linterna

dodo

el dodo

anteater
el oso hormiguero

goose
el ganso

fish
el pez

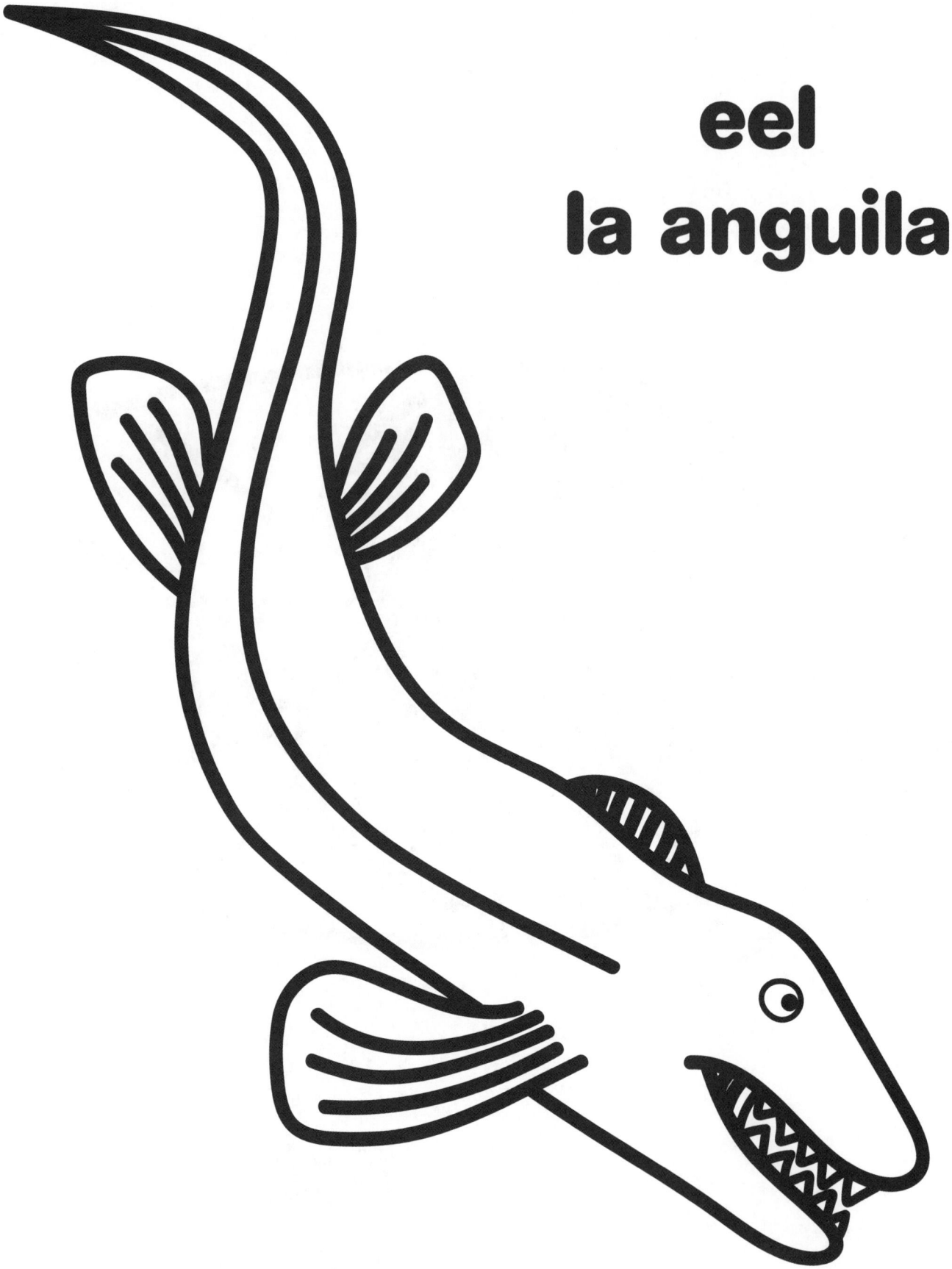

eel
la anguila

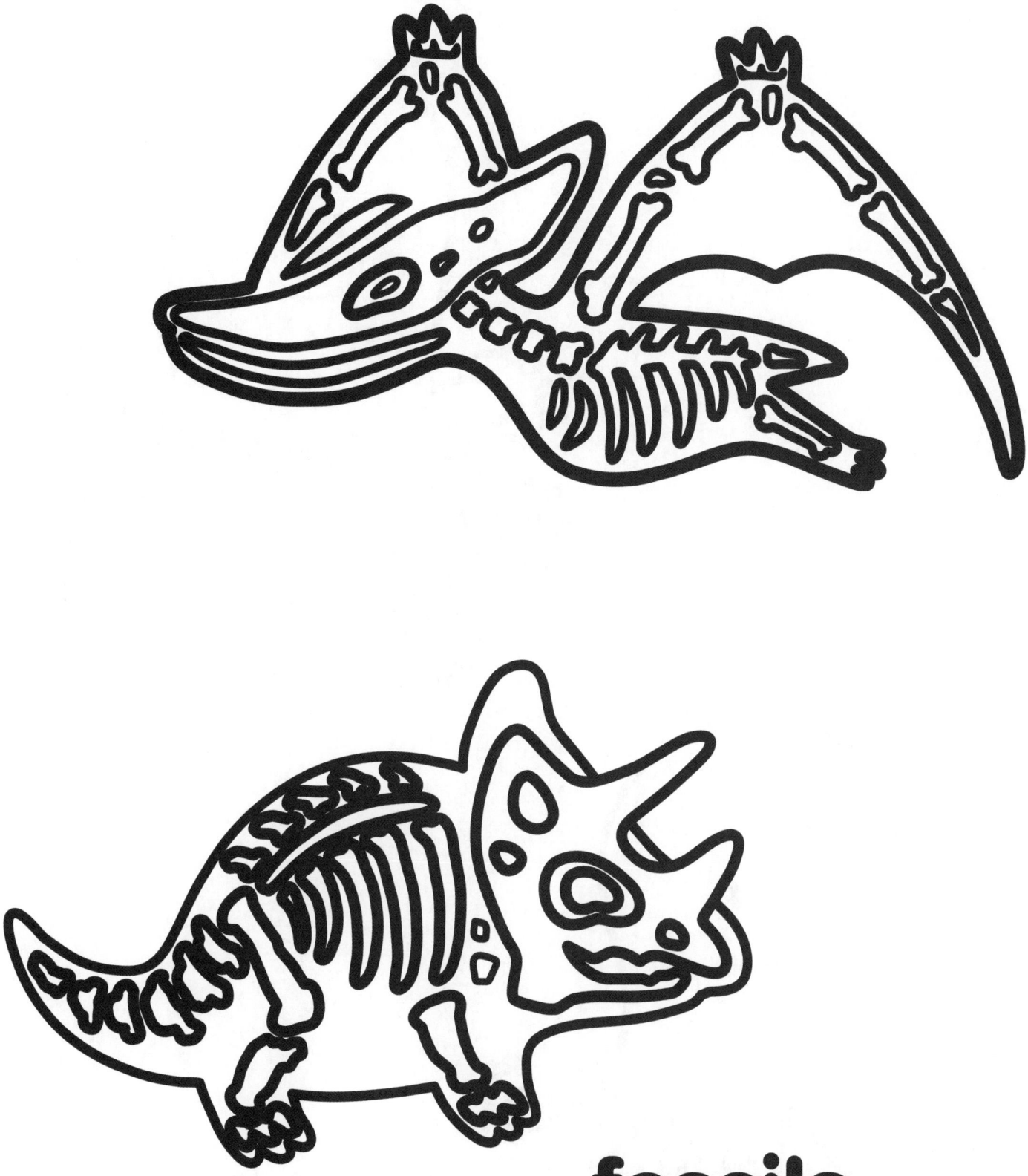

fossils
los fósiles

octopuses
los pulpos

sea turtle
la tortuga marina

fox

el zorro

swan
el cisne

whale
la ballena

seahorses

los caballitos de mar

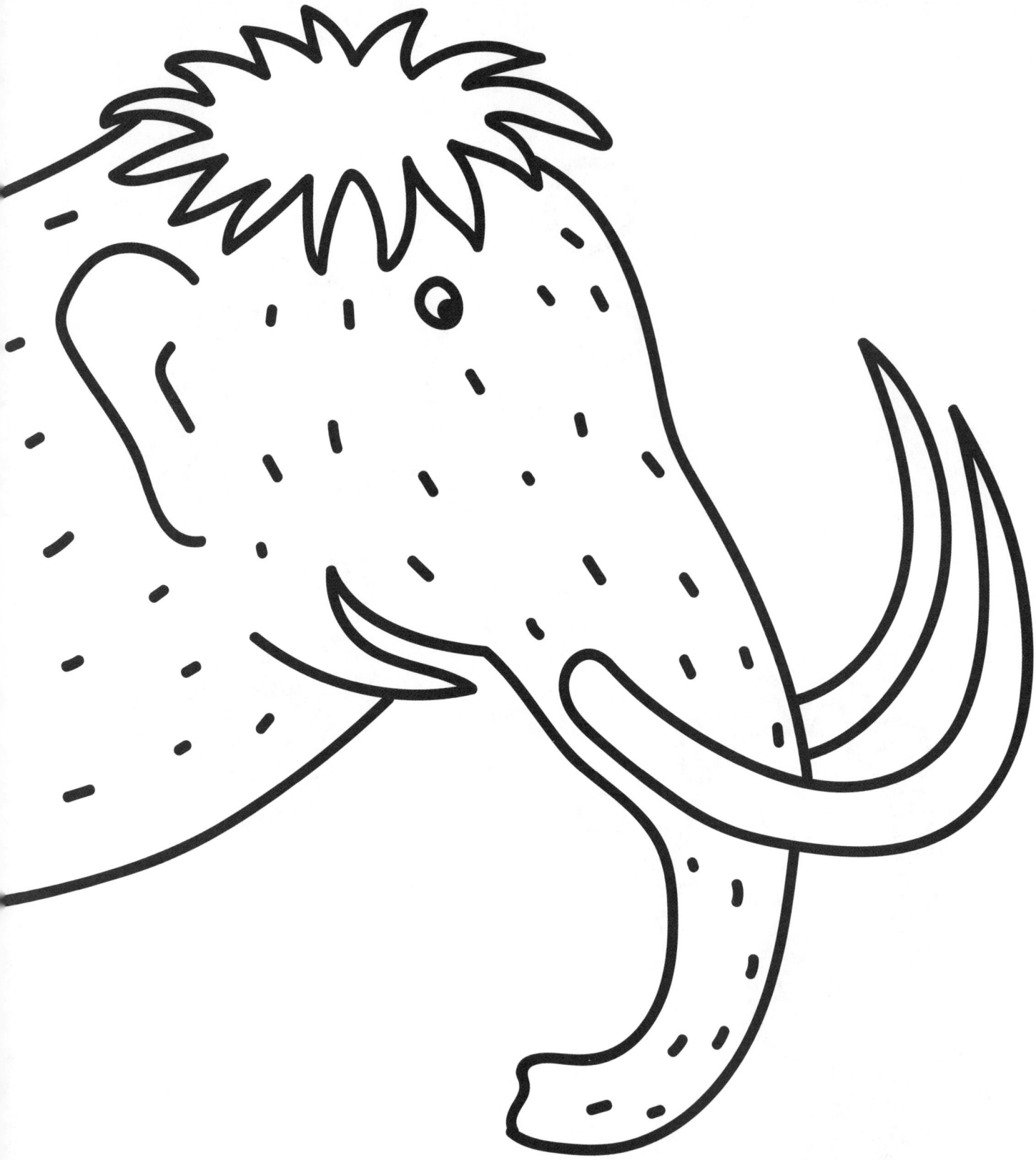

wooly mammoth
el mamut lanudo

swordfish
los peces espada

tiger
el tigre

to hatch
la salida del cascarón

nautilus
el nautilus

rat
la rata

deer
la cierva

mermaid
la sirena

acorns
las bellotas

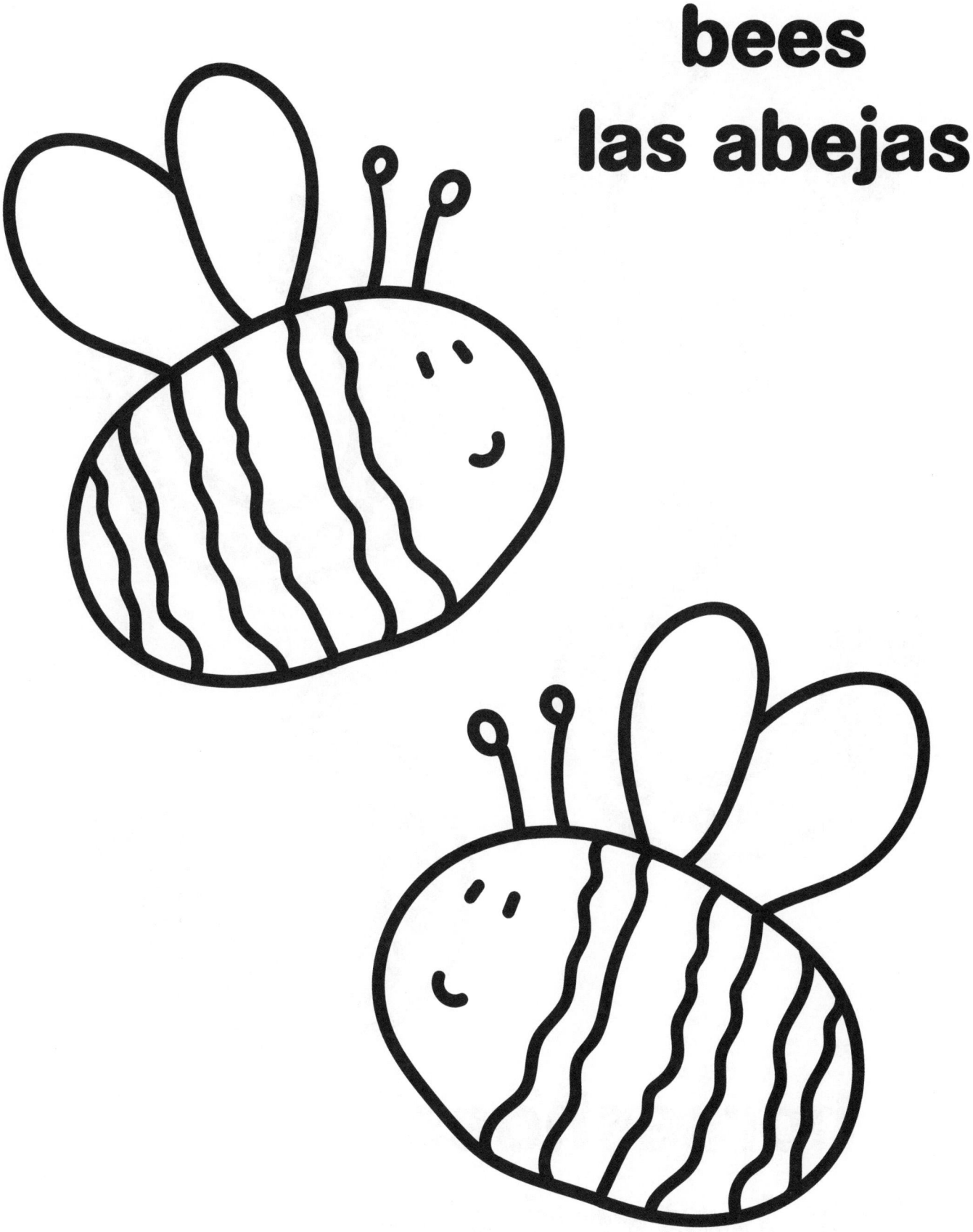
bees
las abejas

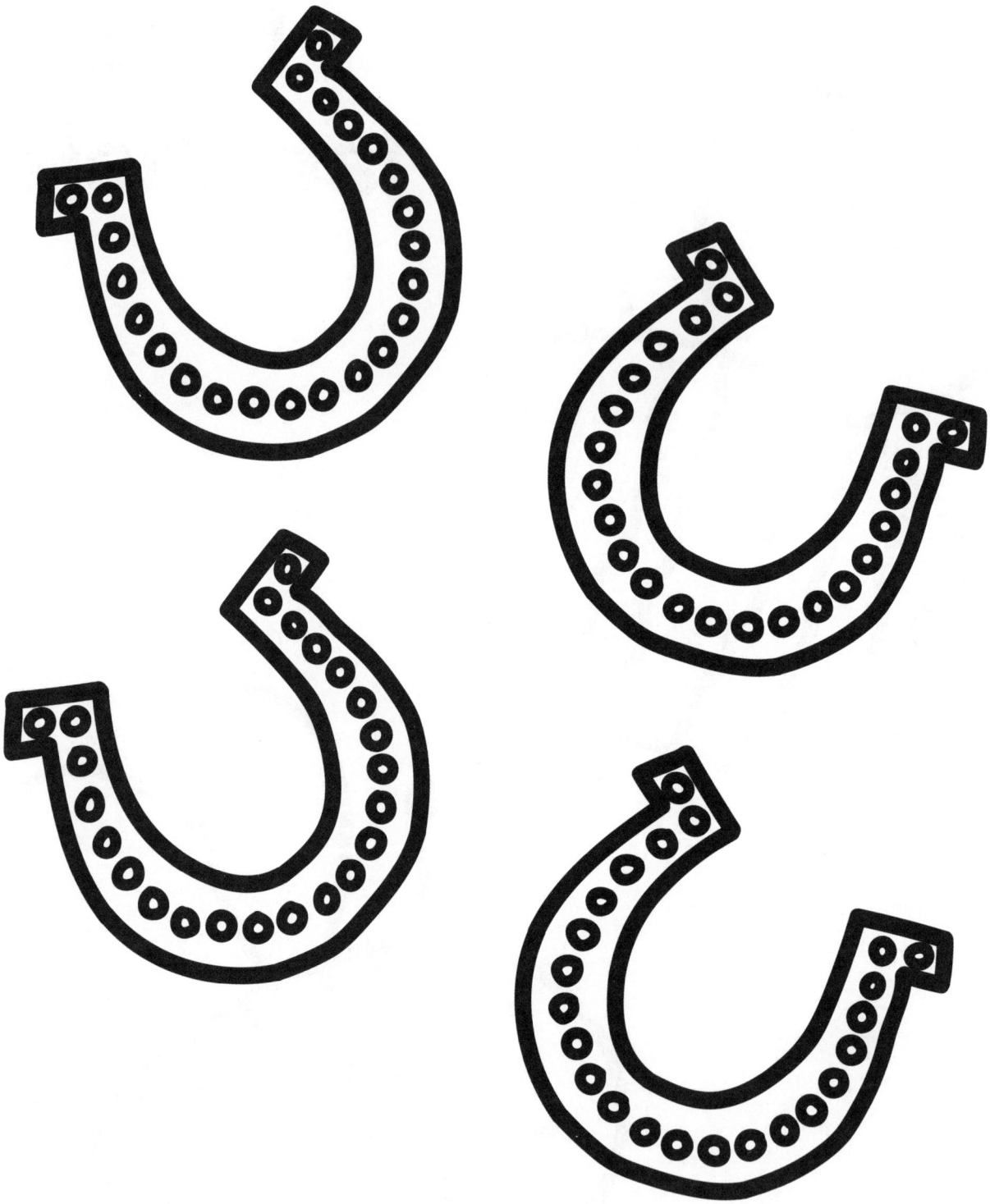

horseshoes
las herraduras

pony
el poni

duck
el pato

pigeons
las palomas

anteaters
los osos hormigueros

beehive
la colmena

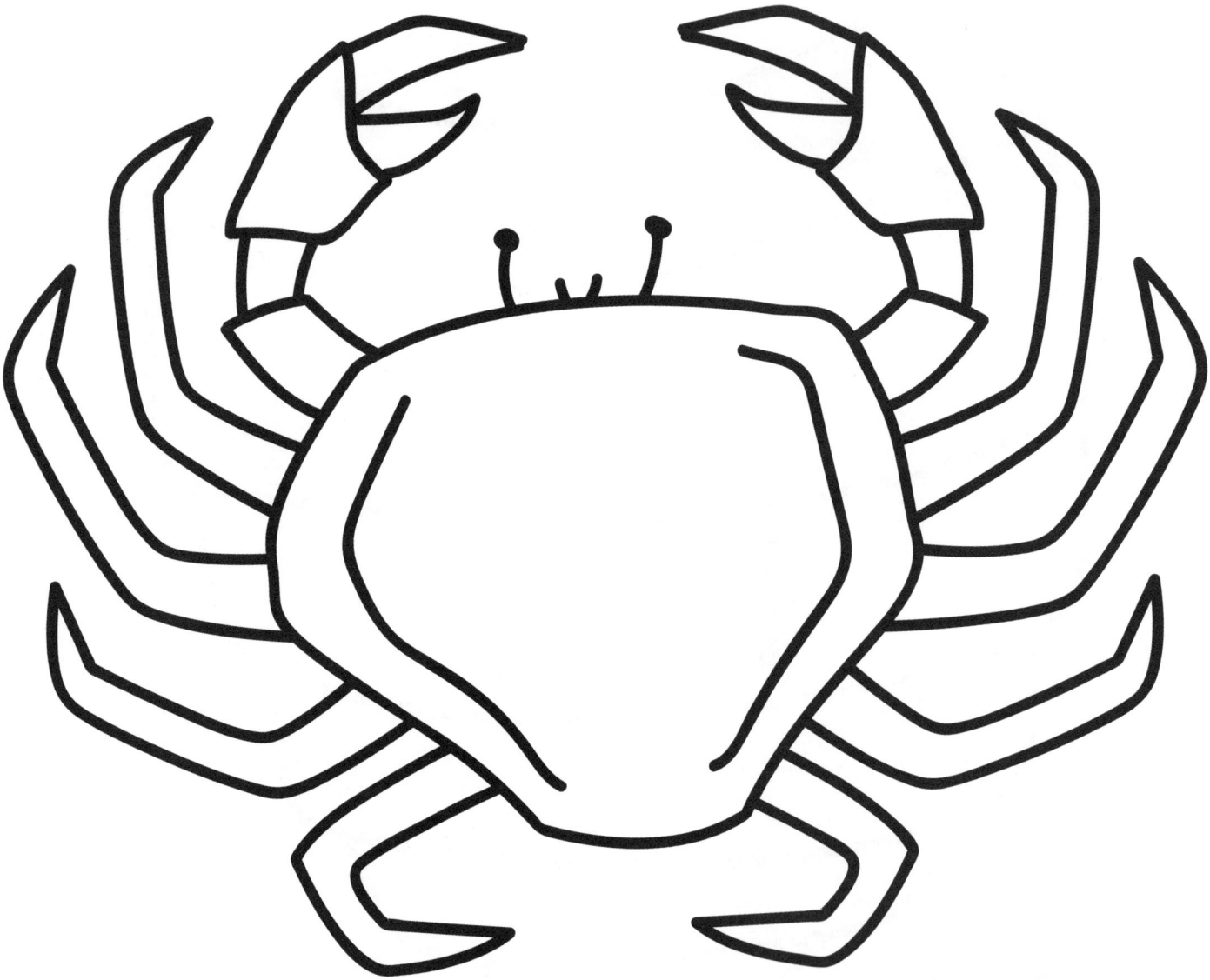

crab
la jaiba

hippopotamuses
los hipopótamos

peacocks
los pavos reales

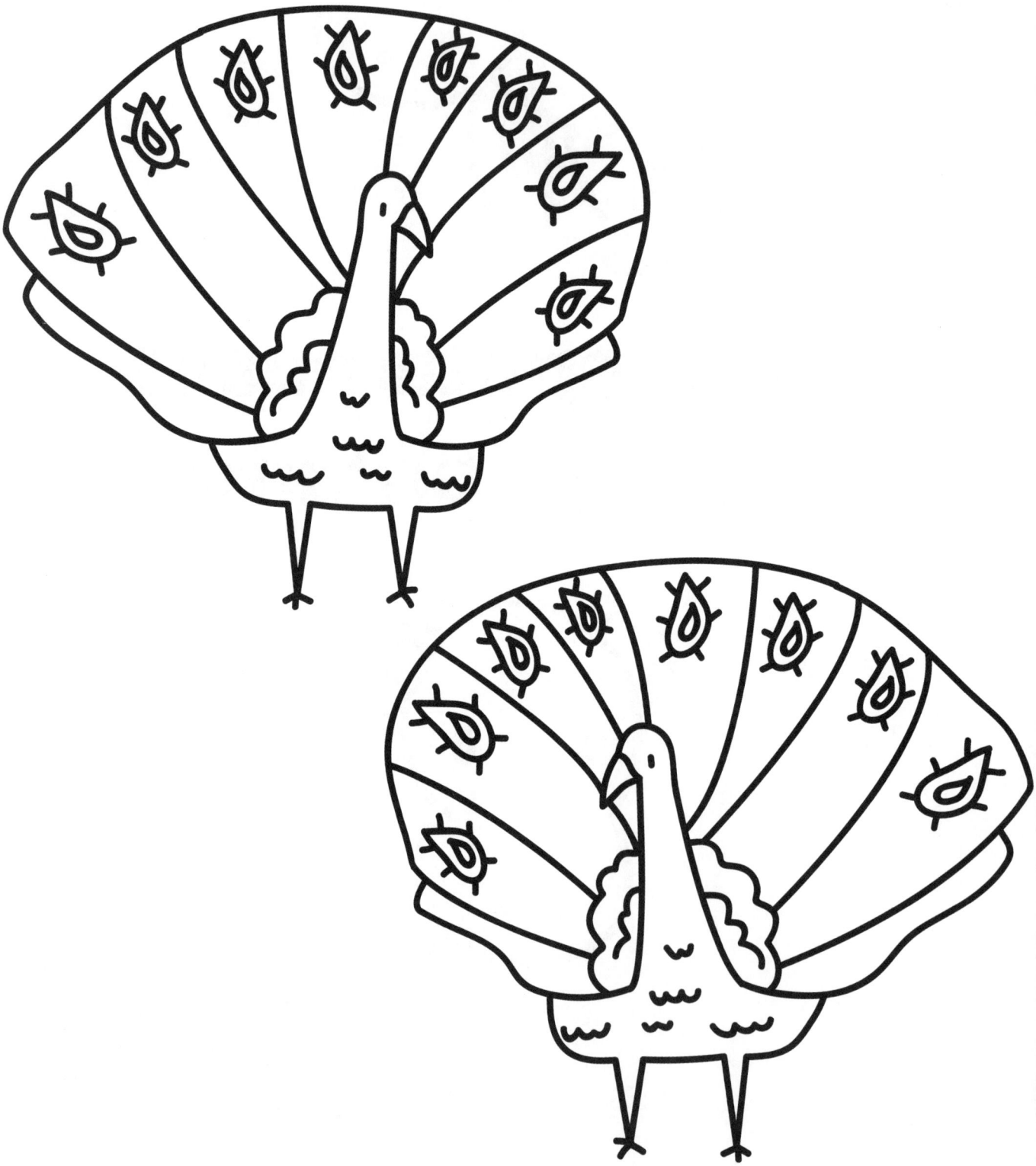

squid
el calamar

stingrays
las reyas

beetles
los escarabajos

lemur
el lémur

great white shark
el gran tiburón blanco

tigers
los tigres

skunks
las mofetas

worms
los gusanos

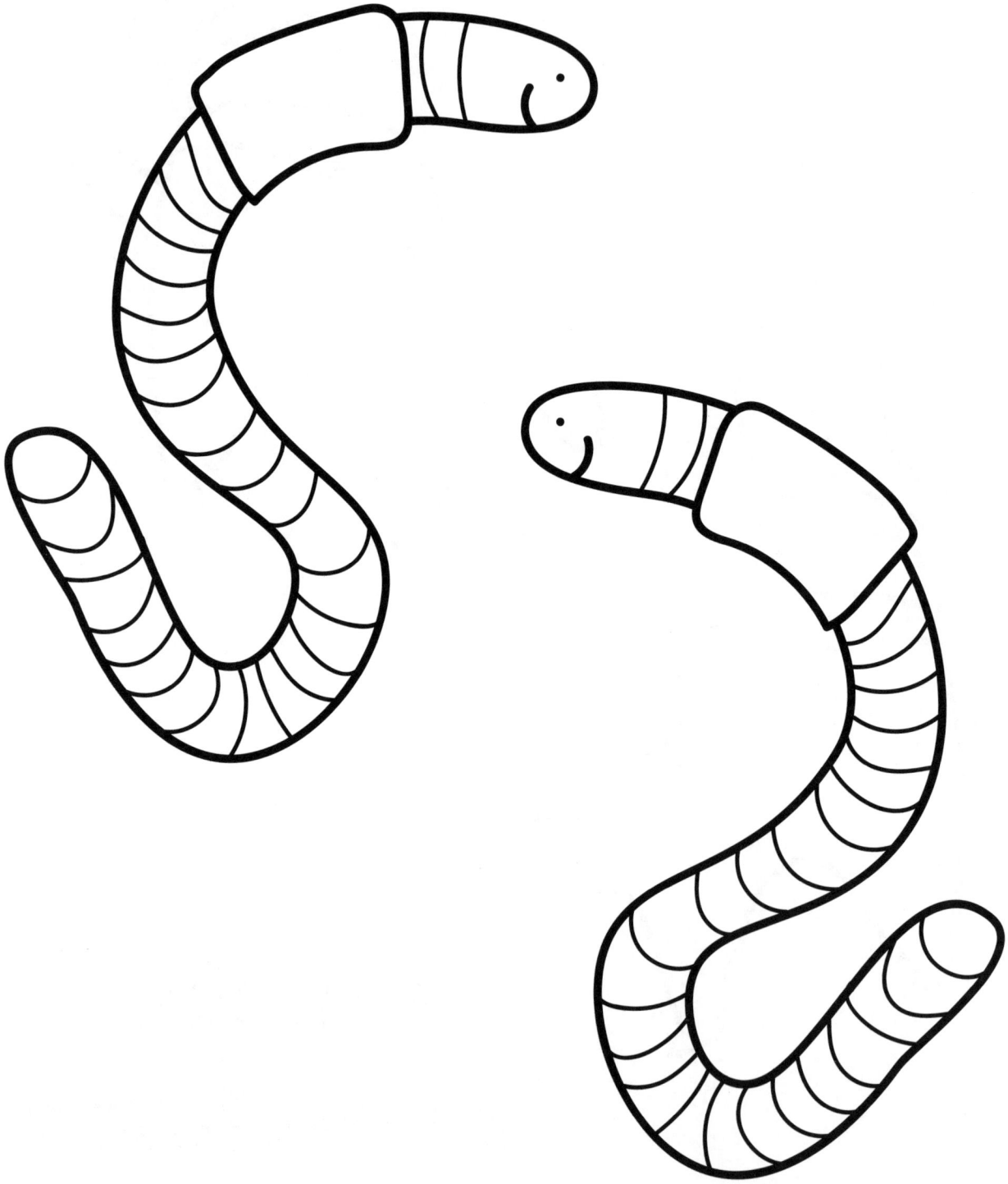